创办你的企业

START YOUR BUSINESS

创业计划书

（大学生版）

MOHRSS

人力资源和社会保障部职业能力建设司　组织编写

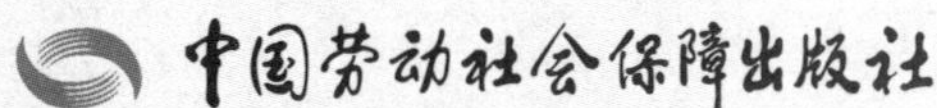

图书在版编目(CIP)数据

创办你的企业：大学生版．创业计划书/人力资源和社会保障部职业能力建设司组织编写．—北京：中国劳动社会保障出版社，2010

ISBN 978－7－5045－8640－7

Ⅰ.①创…　Ⅱ.①人…　Ⅲ.①商业计划-文书-写作　Ⅳ.①H152.3

中国版本图书馆 CIP 数据核字(2010)第 175868 号

中国劳动社会保障出版社出版发行

(北京市惠新东街 1 号　邮政编码：100029)

出 版 人：张梦欣

*

三河市华骏印务包装有限公司印刷装订　新华书店经销

880 毫米×1230 毫米　16 开本　1.5 印张　20 千字

2010 年 9 月第 1 版　2020 年 10 月第 34 次印刷

定价：5.00 元

读者服务部电话：(010) 64929211/84209101/64921644

营销中心电话：(010) 64962347

出版社网址：http: // www.class.com.cn

序

促进创业带动就业，是实施积极就业政策的重要举措，是应对国际金融危机、稳定我国就业形势的有效途径。大力推动创业带动就业，对实施扩大就业的发展战略具有十分重要的现实意义和长远的战略意义。

党和国家高度重视促进创业带动就业工作。党的十七大提出：“实施扩大就业的发展战略，促进创业带动就业”，并要求“完善支持自主创业、自谋职业政策，加强就业观念教育，使更多劳动者成为创业者”。《就业促进法》规定：“国家倡导劳动者树立正确的择业观念，提高就业能力和创业能力；鼓励劳动者自主创业、自谋职业”。以创业带动就业，使更多劳动者成为创业者，使更多城市和地区成为创业型城市和创业型地区，已经成为新时期的国家就业发展战略。

高校毕业生是创业活动中最具朝气和活力、最具创新精神的一个群体，需要给予特别关注和大力扶持。近年来，国家制定出台了一系列促进大学生就业的政策措施，通过创业带动就业是其中一项重要举措。各地各部门也都加大了对大学生开展创业培训的工作力度。2010 年，人力资源和社会保障部组织实施大学生创业引领计划，其中一项重要内容就是大力开展大学生创业培训工作，使有创业愿望并具备一定条件的大学生都能接受创业培训。

人力资源和社会保障部门自上世纪 90 年代末开展创业培训，进行了积极探索，积累了有益经验，特别是与国际劳工组织合作，引进国际上比较先进的“创办和改善你的企业（SIYB）”培训技术，并将其本土化，深受广大创业者的欢迎和好评。为更好地落实国家促进大学生就业的政策措施，实施好大学生创业引领计划，帮助各地各部门有效地开展大学生创业培训工作，我部职业能力建设司组织优秀的创业培训专家，在“创办和改善你的企业（SIYB）”系列培训教材的基础上，紧密结合我国大学生特点和大学生创业的实际情况，编写了这套大学生版的创业培训教材。希望这套教材能够对大学生创业起到有效的帮助作用，让更多怀有美好创业梦想的优秀青年实现成功创业。

人力资源和社会保障部副部长

王晓初

二〇一〇年八月二十三日

前　　言

创办一家属于自己的公司，成就一番事业是当今许多大学生的梦想。大学生有理想、有知识，富有朝气和激情，敢于挑战自己，但创业是一条充满艰辛和坎坷的道路。创业不仅需要激情，更需要理性的思考和务实的行动。《创办你的企业（大学生版）》培训课程将帮助你规划创业行动，实现创业梦想。通过课程的学习，你将发现自己是否适合创办企业，适合创办什么样的企业，衡量自己的创业想法是否现实可行，并最终完成自己的创业计划书。

一、课程内容

《创办你的企业（大学生版）》培训课程把创业分为十个步骤，每个步骤都是在创业过程中必须面对和思考的。十步环环相扣，步步深入地带领你走过创业的每个环节。当你通过培训能对这十个步骤都经过缜密的思考并付诸行动，你也就成功地完成了创业知识和技能的学习，能够独立完成你的创业计划书。

第一、二步告诉你什么是企业，评估自己是否适合创办企业，并帮助你寻找、分析、筛选出最适合你的企业想法。

第三步对你的企业想法进行市场评估，制订出可行的市场营销计划。

第四步告诉你如何组建你的创业团队。

第五、六步帮助你选择一种最合适的企业法律形态，并明确你要创办的企业应该履行依法注册、纳税、签订用工合同等法律责任。

第七、八步指导你估算需要多少启动资金来创办你的企业，以及如何融资。并通过预测你的销售收入、费用成本，看看你能否赢利。

第九步完成你的创业计划书，通过创业计划书来衡量你创办企业的可行性，并采取行动来调整你的企业想法。

第十步告诉你企业创办后，将要做哪些具体的管理工作。

二、教材构成

《创办你的企业（大学生版）》培训教材由两本书构成：

《创业培训手册》由正文、创业故事、练习构成。正文内容一步一步告诉你创业的基本知识，三个大学生的创业故事能让你感受、体验创业的整个过程，练习将创业的实践搬进课堂，帮助你掌握创业知识和提高创业技能。

《创业计划书》用于培训结束时汇总前面所学知识和所做练习，完成自己的创业计划书。“纸上谈兵”筹划自己创业蓝图的同时为下一步融资做好准备。

三、关键标志

在教材中，你会发现各种不同的小图标，它们代表着不同的内容。

意味着在这部分内容里，会提示很多创业过程中需要特别注意的事项，帮助你记住创业过程中的难点和要点。

这部分内容讲述了张华、王剑、孙梅三位大学生创业的故事，他们将和你一起面对创业中的各种问题。希望他们的创业故事能够帮助你更好地学习和掌握创办企业的知识和技能。

这部分练习帮助你更好地理解所学的创业知识和技能，加深对创业知识和技能的认识，最终帮助你完成创业计划书。

本套教材由人力资源和社会保障部职业能力建设司组织编写，由SIYB培训师叶仁平、吕继仁和中南大学杨芳教授三位专家组成教材编写小组，在国际劳工组织开发的《创办你的企业》教材基础上编写而成。教材开发过程中，曾在中南大学部分教师和学生中征求意见，在南京师范大学、江苏经贸职业技术学院、江西科技师范学院、成都农业科技职业学院、柳州铁道职业技术学院等院校进行了试验性培训，得到试验院校及其所在省、市人力资源和社会保障部门的大力支持，张用、石科明、赵伟、尚虹、麦秋玲、白莲玉、王建霞等专家对教材编写工作提出了大量宝贵意见，另外，一些SIYB教师也对教材编写和试验培训工作给予了积极支持，在此一并致谢！

创 业 计 划 书

企 业 名 称 ______________________

创业者姓名 ______________________

日　　　期 ______________________

通信地址 ______________________

邮政编码 ______________________

电　　话 ______________________

传　　真 ______________________

电子邮件 ______________________

目　录

一、企业概况

企业概述（创业项目选择理由、主要经营范围、主要产品或服务、目标及潜在顾客、发展前景或目标、企业宗旨或经营理念或企业文化等简述）：

企业类型：

□生产制造　□零售　□批发　□服务　□农业

□新型产业　□传统产业　□其他

二、创业计划作者的个人情况

以往的相关经验（包括时间）：

教育背景，所学习的相关课程（包括时间）：

三、市场评估

目标顾客及潜在顾客描述：

市场容量或本企业预计市场占有率：

市场容量的变化趋势及前景：

SWOT 分析

优势	劣势
1.	1.
2.	2.
3.	3.
4.	4.
5.	5.

机会	威胁
1.	1.
2.	2.
3.	3.
4.	4.
5.	5.

四、市场营销计划

1. 产品

产品或服务	主要特征

2. 价格

产品或服务	成本价	销售价	竞争对手的价格

折扣销售	
赊账销售	

3. 地点

(1)选址细节:

地址	面积(平方米)	租金或建筑成本

(2)选择该地址的主要原因：

(3)销售方式(选择一项并在其前面的□内画"√")：

将把产品或服务销售或提供给：□最终消费者　□零售商　□批发商

(4)选择该销售方式的原因：

4. 促销

人员推销		成本预测	
广告		成本预测	
公共关系		成本预测	
营业推广		成本预测	

五、企业组织结构

企业将登记注册成：

□个体工商户　□有限责任公司

□个人独资企业　□其他

□合伙企业

拟议的企业名称：

企业组织结构图：

员工工作描述书(包括工作岗位说明、部门管理规范等,可另附页):

职务	月薪
业主或经理	
员工	

企业将获得的营业执照、许可证:

类型	预计费用

企业的法律责任(保险、员工的薪酬、纳税):

种类	预计费用

合伙(合作)人与合伙(合作)协议:

条款 内容 合伙人				
出资方式				
出资数额与期限				
利润分配和亏损分摊				
经营分工、权限和责任				
合伙人个人应负的责任				
协议变更和终止				
其他条款				

六、固定资产

1. 工具和设备

根据预测的销售量,假设达到100%的生产能力,企业需要购买以下设备:

名称	数量	单价	总费用(元)

供应商名称	地　　址	电话或传真

2. 交通工具

根据交通及营销活动的需要，拟购置以下交通工具：

名称	数量	单价	总费用(元)

供应商名称	地　　址	电话或传真

3. 办公家具和设备

办公室需要以下设备：

名称	数量	单价	总费用(元)

供应商名称	地　　址	电话或传真

4. 固定资产和折旧

项目	价值(元)	年折旧(元)

七、流动资金(月)

1. 原材料和包装

项目	数量	单价	总费用(元)

供应商名称	地　　址	电话或传真

2. 其他经营费用(不包括折旧费和贷款利息)

项目	费用(元)	备　　注

八、销售收入预测（12个月）

销售的产品或服务 / 销售情况 / 月份		1	2	3	4	5	6	7	8	9	10	11	12	合计
（1）	销售数量													
	平均单价													
	月销售额													
（2）	销售数量													
	平均单价													
	月销售额													
（3）	销售数量													
	平均单价													
	月销售额													
（4）	销售数量													
	平均单价													
	月销售额													
（5）	销售数量													
	平均单价													
	月销售额													
（6）	销售数量													
	平均单价													
	月销售额													
（7）	销售数量													
	平均单价													
	月销售额													
（8）	销售数量													
	平均单价													
	月销售额													
合计	销售总量													
	销售总收入													

九、销售和成本计划

金额(元) 月份 项目		1	2	3	4	5	6	7	8	9	10	11	12	合计
销售	含税销售收入													
	增值税													
	销售净收入													
成本	原材料(列出项目)													
	(1)													
	(2)													
	(3)													
	业主工资													
	员工工资													
	租金													
	营销费用													
	公用事业费													
	维修费													
	折旧费													
	贷款利息													
	保险费													
	登记注册费													
	总成本													
利润														
企业所得税														
个人所得税														
其他														
净收入(税后)														

十、现金流量计划

项目 \ 金额(元) \ 月份		1	2	3	4	5	6	7	8	9	10	11	12	合计
现金流入	月初现金													
	现金销售收入													
	赊销收入													
	贷款													
	其他现金流入													
	可支配现金(A)													
现金流出	现金采购支出(列出项目)													
	(1)													
	(2)													
	(3)													
	赊购支出													
	业主工资													
	员工工资													
	租金													
	营销费用													
	公用事业费													
	维修费													
	贷款利息													
	偿还贷款本金													
	保险金													
	登记注册费													
	设备													
	其他(列出项目)													
	税金													
	现金总支出(B)													
月底现金($A-B$)